EDELVIVES

ALA DELTA

Una vaca, dos niños y trescientos ruiseñores

Ignacio Sanz

Ilustraciones
Patricia Metola

Para Marina y Martín.

Cantaba un ruiseñor, y era de luz su trino.
RAMÓN MARÍA DEL VALLE-INCLÁN

Es tan admirable el canto de los ruiseñores que ha podido resistir a todos los malos poetas del mundo durante tantos siglos.
VICENTE HUIDOBRO

Relato ganador del

XXI Premio Ala Delta de Literatura Infantil

El jurado se reunió el 18 de enero de 2010.
Estaba compuesto por Carmen Blázquez (crítica),
Pilar Careaga (editora), María Domínguez (profesora),
Marina Navarro (bibliotecaria), Patxi Zubizarreta (escritor)
y Mª José Gómez-Navarro, como presidenta.

Todo lo narrado en este libro sobre el poeta Vicente Huidobro es históricamente riguroso, aunque el autor se haya tomado alguna licencia creativa sobre ciertos aspectos secundarios que no restan credibilidad a la esencia del relato.

(NOTA DEL AUTOR)

1

Comencemos por el principio

Al poeta chileno Vicente Huidobro, su país se le hacía muy alargado y demasiado estrecho. Y se había propuesto viajar a Europa para ensanchar sus horizontes. Sobre todo, quería ir a Madrid y a París. Allí vivían algunos de los escritores más importantes del mundo y él, que comenzaba a escribir y tenía muchas inquietudes, deseaba establecerse donde ocurrían los acontecimientos literarios.

A Huidobro le gustaba jugar con las palabras, como si fuera un niño travieso. Algunos de sus poemas resultaban un poco desconcertantes para las personas mayores y serias. Escribía, por ejemplo:

La montaña y el montaño
Con su luno y con su luna.

También le divertía hacer combinaciones curiosas con palabras.

La violondrina y el goloncelo.

Cuando Vicente Huidobro decidió viajar a Europa tenía 23 años y era padre de dos hijos: Manuela y Vicentito.

Su mujer, doña Manuela Portales, le advirtió de esa dificultad:

—¿Cómo vamos a viajar a Europa con dos niños tan pequeños?

—En barco, vamos a viajar en barco, como todo el mundo.

—Los niños pequeños se marean en el barco.

—Tendrán que acostumbrarse. Además, sus cuidadoras los distraerán para que no se mareen.

La de Huidobro era una familia de banqueros y políticos que vivía a lo grande. El dinero corría a raudales por sus manos, de manera que no reparaban en gastos. Llevarían a las dos niñeras, una para cada hijo. Se llamaban Arsenia y Segunda.

—Pero en el barco extrañarán los alimentos —insistía doña Manuela.

—No, ten por seguro que no extrañarán los alimentos —le respondió Huidobro.

—¿Y tú cómo sabes que no van a extrañar los alimentos?

—Por una razón muy simple: el alimento fundamental de un niño es la leche, y yo me voy a ocupar de que no les falte leche en el barco. Leche de la mejor calidad.

—Nuestros niños son muy delicados. Echarán de menos la que toman en casa.

—Te aseguro que no, que no la extrañarán —repitió Huidobro de manera rotunda.

—¿Y por qué estás tan seguro?

—Porque voy a embarcar a la *Jacinta*.

2

El *Tierra del fuego*

Al poeta Vicente Huidobro le gustaba hacer las cosas a lo grande. Dicho en otras palabras, era de esos poetas que nunca se andaban con pequeñeces.

El barco más seguro que hacía la travesía entre Chile y España era el trasa-tlántico *Tierra del Fuego*. No estaba equipado con tanto lujo como el *Titanic*, origen entonces de muchos comentarios en medio mundo tras su trágico hundimiento al chocar con un iceberg, pero realizaba la misma ruta desde hacía algunos años y nunca había tenido problemas.

Se trataba de un buque mixto, dedicado al transporte de personas y de mercancías. Tenía 151 metros de eslora y 25 de manga. El *Titanic* lo superaba ampliamente en longitud y anchura, pero ni el tamaño ni el lujo de un barco garantizan la seguridad que tanto preocupaba a doña Manuela.

En su singladura a Europa, Huidobro pretendía embarcar en el *Tierra del Fuego* a su mujer, a sus hijos Nela y Vicentito, a las niñeras Arsenia y Segunda, y a Faustino, el cuidador y responsable de la *Jacinta*, el primer animal de esta historia.

3

¿Quién era la *Jacinta*?

Por supuesto, la *Jacinta* era una vaca. Y no viajaría en el barco como una simple mascota; a la *Jacinta*, Huidobro la quería incluir en aquella expedición por la extraordinaria calidad y dulzura natural de su leche. No solo eso, además era una vaca elegante, de andares armoniosos y piel lustrosa, que lucía grandes manchas blancas y negras. La *Jacinta* era un ejemplar de magnífica estampa que, dentro de la especie bovina, provocaba mucha admiración.

Unos días antes de embarcar, a Vicente Huidobro le tocó negociar de manera concienzuda con el capitán Ernesto Guajardo, que se negaba a subir en su barco un animal tan grande.

—Lo siento, pero en el *Tierra del Fuego* únicamente se admiten animales de compañía —pretextó tajante el capitán.

—La *Jacinta* es nuestro animal de compañía —replicó Vicente Huidobro.

—Esta naviera solo considera animales de compañía a los perros y a los gatos.

—¿Y a los lagartos?

—Si viajan enjaulados, también.

—¿Y a los loros?

—Los loros podrían considerarse animales de compañía, por supuesto.

—¿O sea que los loros parlanchines, los lagartos pellejudos, los perros ladradores y

los gatos caprichosos tienen más derechos que una vaca? ¡Esto es el colmo! Incluso entre los animales los hay de primera y de segunda. ¡Vaya discriminación! ¿Por qué existe este favoritismo entre los animales? —preguntó enfadado Vicente Huidobro al capitán Guajardo.

—Por su tamaño, señor Huidobro, simplemente por su tamaño; un perro, un gato, un lagarto, un loro, apenas ocupan espacio, pero una vaca... ¿Usted sabe lo que ocupa una vaca? —clamó el capitán Guajardo cargado de razón.

—No se trata de una vaca, capitán, se trata de la *Jacinta*. A ver si lo entiende usted. Mis hijos están acostumbrados a su leche y donde vayan mis hijos ha de ir la *Jacinta*. El destino ha unido sus vidas.

—Me gustaría saber qué tiene de especial la leche de la *Jacinta* —quiso saber el capitán Guajardo.

Vicente Huidobro miró seriamente al capitán antes de responderle.

—La vida es un misterio, capitán, y el ser humano un animal de costumbres. Mis hijos, vaya usted a saber por qué, aborrecen cualquier otra leche, de modo que no podemos alejarnos de la *Jacinta*. ¿No querrá que caiga sobre su conciencia la responsabilidad de su muerte por desnutrición?

—¿Cómo?

—Ya le he dicho, capitán, que el ser humano es un animal de costumbres. Es verdad que nosotros hemos atendido en extremo la alimentación de la *Jacinta* y que Faustino, el hombre que la cuida y la ordeña, también le pone en el pesebre, entre el heno y la cebada, terrones de azúcar y alguna pieza de fruta madura. Así que su leche es dulce y cremosa, una leche como usted no habrá probado nunca. Por eso la *Jacinta* es como un miembro más de la familia, y donde vaya mi familia ha de ir ella. ¿Lo entiende?

El capitán parecía francamente desconcertado.

—Todavía más —prosiguió Huidobro—: la *Jacinta* es muy generosa. Cada día, en el ordeño, da unos veinticinco litros de leche dulce y cremosa. Mi familia consume dos o tres. Eso en el mejor de los casos. Pues bien, estoy dispuesto a ofrecer desinteresadamente a la tripulación y a los pasajeros del *Tierra del Fuego* la leche sobrante. Estoy seguro, capitán, de que ni unos ni otros habrán probado una leche tan sabrosa.

Al capitán Guajardo le picó la curiosidad. Le gustaba mucho el café con leche, el arroz con leche, la leche frita y las natillas, pero el cocinero del *Tierra del Fuego* solo podía ofrecer a sus pasajeros platos

elaborados con leche los primeros días de navegación porque luego, cuando el barco tocaba la zona de los trópicos, con el calor sofocante, la leche se estropeaba de manera irremediable.

El *Tierra del Fuego* navegaba desde hacía más de diez años con la misma ruta: Valparaíso-Buenos Aires-Cádiz-Barcelona y Barcelona-Cádiz-Buenos Aires-Valparaíso. Los meses impares salía de Valparaíso y los pares lo hacía desde Barcelona. En todos esos años nunca había transportado una vaca como animal de compañía. Así se lo hizo saber el capitán Ernesto Guajardo a Vicente Huidobro.

—Pues ya va siendo hora. El futuro, capitán, es de los innovadores.

El capitán no encontró otros argumentos con los que rebatir al poeta. Así fue como Vicente Huidobro dio por acabada aquella discusión.

4

Los preparativos

Además de la tripulación, del resto de los pasajeros, de la familia Huidobro, de las niñeras Arsenia y Segunda, de Faustino, el responsable de la *Jacinta*, y de la *Jacinta* misma, hubo que embarcar en el *Tierra del Fuego* un carro lleno de heno y dos sacos de cebada para asegurar la alimentación de la vaca durante la travesía. Y sesenta bidones de agua dulce, porque, como todo el mundo sabe, para que una vaca produzca leche necesita beber gran cantidad de agua.

Pero, además, fue necesario construir una caseta de madera en la cubierta del barco para que la *Jacinta* no echase de menos el cómodo establo en el que había vivido en la casona señorial que los Huidobro tenían en Santiago. Ahí había sido tratada con los mimos y la consideración de la reina de las vacas.

Con postes, tablas y tablones, en un día de frenética actividad, quedó levantada la caseta de madera tal como Faustino, su ordeñador, había dispuesto.

5

El viaje a Europa

El viaje a España desde Valparaíso, con escala en Buenos Aires, resultó muy entretenido. Algunos pasajeros, conscientes de la calidad de la leche que se les ofrecía en el desayuno y en los postres, se sintieron agradecidos tanto a Faustino como al matrimonio Huidobro. También los hubo que ocuparon parte de sus paseos por la cubierta en mostrar a sus hijos el modo en el que Faustino, sentado en la banqueta,

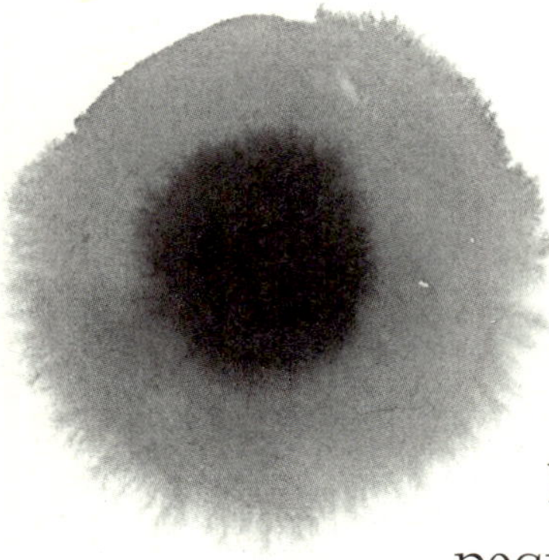

con un cubo de metal entre las piernas, ordeñaba a la *Jacinta*.

Nela y Vicentito eran tan pequeños que, años después, cuando les preguntaron por aquel viaje, afirmaban no guardar ni el más mínimo recuerdo. Tampoco se acordaban de cómo, al llegar a Cádiz, la *Jacinta*, después de desembarcar, fue subida con grandes dificultades en un vagón de mercancías que la compañía de ferrocarriles dispuso tras el último vagón de pasajeros, reservado en exclusiva para la familia Huidobro.

Al llegar a Madrid, los Huidobro acomodaron a la *Jacinta* en una vaquería al principio de la calle Princesa, muy cerca del hostal donde se hospedaban, en la plaza de España.

Los Huidobro pasaron unos meses en Madrid y luego partieron en tren hacia París.

El tren salió a primera hora de la noche; aquel día, Faustino, nada más hacer el ordeño matutino, limpió a la *Jacinta* con el cepillo de cerdas para que estuviera presentable y la sacó de la vaquería, tirando del ramal, y, después de un paseíto por la plaza de España, bajaron por el paseo del Príncipe hasta la estación del Norte, de donde

salían los trenes hasta San Sebastián. La *Jacinta* ya conocía el camino.

En aquella época en la que solo los grandes potentados tenían coche, a nadie le extrañaba ver una vaca por las calles de las grandes ciudades, porque eran muy frecuentes los coches tirados por caballos o los burros que llevaban en sus lomos todo tipo de mercancías. La gente también estaba familiarizada con las vaquerías, que desprendían un olor intenso e inconfundible, una mezcla de suero, de leche recocida y de orines y boñigas. Además de aquel tufo desagradable, los viandantes que pasaban junto a una vaquería se topaban con una nube de moscas zumbando frente a la puerta. Incluso en invierno. Porque donde hay una vaca, a causa del calor que desprende su cuerpo, surgen, como por encanto, cientos y cientos de moscas.

6

La carta de la abuela María Luisa

El tiempo pasa y han pasado siete años desde que la familia Huidobro desembarcara en Cádiz. Nela y Vicentito han crecido. Asisten a un colegio en París cercano a su casa. Nela tiene once años y Vicentito diez. Son alumnos aplicados que siguen gozando de la buena leche que cada día les proporciona la *Jacinta*.

En estos años Vicente Huidobro ha escrito nuevos libros, ha dirigido revistas de poesía y ha publicado manifiestos. También ha mantenido polémicas encendidas con artistas e intelectuales. En medio de esa vida agitada, Huidobro recibe una carta de su madre en la que, en resumen, le pide que regrese lo antes posible a Santiago de Chile. La abuela María Luisa confía en su hijo. Por eso lo requiere. Fue ella quien le inculcó desde niño que estaba llamado a enfrentarse con cometidos extraordinarios. Por suerte, esa carta se ha conservado entre los papeles del archivo familiar:

Una de nuestras empresas está en peligro. Por eso, queridísimo hijo, te reclamo. Estoy segura de que solo tú podrás poner orden en medio del desorden, solo tú podrás enderezar el rumbo de esta empresa creada con tanta ilusión por tu abuelo. De ella viven más de doscientas familias que, de otro modo, quedarían sin su salario, abocadas a cruzarse de brazos y a enfrentarse a situaciones tan delicadas como difíciles.

Por ello te ruego que, cuando puedas, mejor pronto que tarde, regreses a casa, dando por un tiempo la espalda a tus poemas. Luego, una vez que consigas enmendar las circunstancias actuales, quedarás libre para volver a Europa, donde sabemos que gozas cada día de más prestigio. Es un favor que te pide mamá, tu mamá que tanto te quiere. Además, estoy deseando abrazar a mis nietos. He colocado la última foto que me enviaste sobre la mesa del despacho; están guapísimos. Pero quiero tenerlos delante de mí y estrecharlos fuerte.

Hasta que llegue ese momento feliz, me sentiré la abuela más desgraciada del mundo.

Durante los siete años pasados en París, la *Jacinta* ha parido siete terneros en una vaquería del Barrio Latino. Su leche sigue siendo dulce y cremosa y aún provoca los elogios de todos los que la prueban. Con diez años una vaca es vieja. A la *Jacinta* se le empiezan a marcar los gorrones, esos huesos salientes en los que rematan las patas traseras. Si los Huidobro tuvieran sentido práctico, deberían pensar en venderla antes de regresar a Chile. Pero no, los Huidobro son unos románticos empedernidos. La *Jacinta* es para ellos como un miembro de la familia. Le guardan mucha gratitud. De modo que ni siquiera se les ha pasado por la imaginación la posibilidad de venderla. Este viaje de retorno es una buena oportunidad para que la *Jacinta* se reencuentre, antes de morir, con la tierra que la vio nacer.

7

SELVA

Los Huidobro han conocido en París a Arturo Vila, un mallorquín culto, adinerado y amante del arte que pasa una larga temporada todos los años codeándose con los artistas. Vila admira al poeta chileno. Cuando se entera de que los Huidobro embarcarán en Barcelona para regresar a Chile, los invita a pasar una semana en la casa de campo que tiene en Mallorca.

—Una semana no, pero sí cinco días, hasta la salida del *Tierra del Fuego* —acepta Huidobro encantado, tras hacer sus previsiones.

Desde París van a Barcelona, donde se quedan Arsenia, Faustino y la *Jacinta* haciendo frente a los preparativos del embarque que impone la vaca. Segunda se casó hace dos años con un francés y dejó de trabajar en la casa.

La familia, acompañada por Arturo Vila, prosigue su viaje en barco hasta Palma de Mallorca. Vila tiene una casa de campo en Selva, un precioso pueblo del interior de la isla cercano a Inca. Se trata de una construcción con trazas de palacio, con muros de piedra y una gran puerta rematada en forma de arco. Está situada en una finca en leve pendiente cercana al pueblo en la que crecen limoneros, almendros, higueras, olivos y cipreses. Desde el porche trasero se ve el caserío ascendente de Selva trepandc, entre huertas y árboles, por la ladera que corona la torre de la iglesia.

A la mañana siguiente, mientras desayunan bajo el porche, Vila pregunta a los Huidobro qué tal han pasado la noche. Nela y Vicentito responden casi al unísono que bien, que han dormido como dos lirones.

—Es lógico, después de tanto viaje estaríais muy cansados.

—Yo también he dormido divinamente —asegura doña Manuela.

—Yo, sin embargo —interviene Huidobro—, no he podido pegar ojo desde la madrugada.

—¿Y eso? —le pregunta Vila.

—Por un pájaro que se me ha metido en la cabeza.

Todos lo miran extrañados. Nela no puede contener un gesto de asombro.

—Papá, ¿se te ha metido un pájaro en la cabeza?

—Su canto. Es un pájaro que canta maravillosamente. Una delicia. Ha sido el mejor concierto que he escuchado nunca. Me he despertado de madrugada y, desde entonces, no he podido dormir. Como si Mozart le llevara la batuta. Un verdadero regalo. No sé qué pájaro será. Creo que nunca lo había escuchado.

Vila, que es un hombre sensible a todo lo que bulle a su alrededor, conoce el canto de diversas aves, como la abubilla, el cuco, el mirlo o la alondra. Algunos son madrugadores. Y comienza a silbar tratando de imitarlos. Huidobro niega con la cabeza. El anfitrión, entonces, pide silencio. Los Huidobro dejan de dar vueltas a las cucharillas en las tazas. En el jardín se oye un jolgorio de trinos mezclados, pero, de pronto, se acallan y, en medio de la calma, se escuchan con toda nitidez unos gorgoritos puros, cristalinos.

—¡Ese, ese es! —grita Huidobro entusiasmado.

—¡Amigo Vicente!, ese pájaro es el ruiseñor —declara Vila.

—Es un canto precioso.

—Por supuesto, el trino más bello de todas las aves.

—No lo conocía.

—No habrás reparado en él. En Madrid y en París también hay ruiseñores. No tantos como aquí, pero alguno hay. Lo que pasa es que, en medio de la algarabía, su trino se confunde con otros. Donde no se pueden encontrar ruiseñores es en América.

—¿Y eso?

—El ruiseñor es un pájaro pequeño, algo menor que el gorrión, y tímido; un pájaro que pasa los inviernos en África y sube a Asia y a Europa para anunciar la primavera. Como te digo, en América no existen.

—Y tú, Vila, ¿cómo sabes tanto de pájaros?

—Me gusta la poesía, me gusta el arte, me gusta la naturaleza. Soy un privilegiado con mucho tiempo libre, y lo dedico a observar todo a mi alrededor. Además, desde niño tuve un maestro a mi lado: mi abuelo. Al ruiseñor lo llamaba «pico de oro». Cuando llegaban a Mallorca, en los primeros días de marzo, el abuelo me decía: «Ya tenemos la primavera encima». «Todavía no», le decía yo. «Sí —insistía él—, ya nos ha llegado; hoy he escuchado al ruiseñor desde la cama. El ruiseñor, al cantar, nos toca el corazón porque es un pájaro enamorado».

Nela y Vicentito escuchan embelesados el diálogo que Arturo Vila había mantenido de niño con su abuelo. Aprovechando la atención que le prestan, Vila les explica que el ruiseñor, los primeros días, canta por la noche y anida en las zonas más umbrías del bosque, por lo que resulta muy difícil de ver. Suele tener cuatro o cinco crías cada temporada, a principios de mayo. Y a finales de agosto o cuando comienza septiembre retorna a los bosques del África tropical, donde pasa el invierno. Y ama tanto la libertad que no resiste el cautiverio. Nadie ha sido capaz de criar ruiseñores dentro de una jaula.

Sobre la marcha, dejándose llevar por el primer impulso, Huidobro le hace una confesión a Vila:

—Hablas de un pájaro extraordinario y he tenido una corazonada: me gustaría poblar América de ruiseñores.

Nela y Vicentito abren mucho los ojos y se quedan mirando fijamente a su padre. Su madre, por el contrario, sentencia:

—Otra de tus locuras.

—Sí, de acuerdo, pero una locura maravillosa. ¿Imaginas que en todos los bosques y parques de América cantara el ruiseñor? Nuestra tierra sería distinta si, en mitad de la noche, la gente que vive con preocupaciones escuchara ese trino estimulante anunciando el día.

—Una locura —insiste doña Manuela.

—Vila, ¿tú lo crees posible? —le pregunta Huidobro a su amigo.

—Depende, pero supongo que sí. Aunque debería hablar con Pau, el encargado de la finca. Crecimos juntos y es una persona que sabe mucho de pájaros.

—¿Cuándo has dicho que ponen los huevos?

—En mayo.

—El barco zarpa el 1 de abril. Nos quedan cuatro días para llenar el *Tierra del Fuego* de ruiseñores.

—Una locura —refunfuña doña Manuela.

—Papá, quiero que hagas esa locura —lo anima Vicentito.

—Yo también quiero que América se llene de ruiseñores —se suma Nela.

—Por supuesto que sí, hijos. La poesía también es una pequeña locura; sin ella el mundo sería un aburrimiento —concluye, decidido, Vicente Huidobro.

8

Pau Pina

Pau Pina es el encargado de la finca de Arturo Vila. En Mallorca a esos hombres se les llama masoveros. Pau conoce muchos de los secretos del campo. Vila vocea su nombre desde el porche y, poco después, Pau se presenta allí. Es un hombre de movimientos calmos y mirada serena, como su entorno.

—Buenos días —dice a modo de saludo al llegar al lugar donde desayuna la familia Huidobro.

Tras las presentaciones, Vila le consulta si será posible cazar ruiseñores.

El hombre, inicialmente, compone un gesto de extrañeza.

—¿Cazar ruiseñores?

Pau acostumbra a cazar perdices, conejos y liebres en las cercanas estribaciones de la sierra de Tramontana, pero nunca, ruiseñores.

—¿Para qué?

—Para poblar América.

Pau Pina abre los ojos porque no sale de su asombro.

—¿Ruiseñores vivos?

—Claro, claro, ruiseñores vivos.

—Aaahhh.

—¿Será posible? —porfía Vila.

—¿Cuántos?

Vila no sabe qué responder. Pero Huidobro, que todo lo hace a lo grande, contesta por él.

—Cientos.

—¿Cientos? ¿En cuánto tiempo?

—Dentro de cuatro días embarcamos en Barcelona.

—Cientos son muchos. Pero lo intentaremos. En ese caso, no hay ni un minuto que perder.

Pau Pina se retira. Va dándole vueltas en su cabeza al encargo que acaba de recibir. «Qué caprichosos y extraños son los señoritos», piensa. «A ellos no se les pone nada por delante. ¡Hala! —dicen de un día para otro—, ¡deja todo lo que estés haciendo y ponte a cazar ruiseñores, cientos de ruiseñores vivos! Algún día Arturito Vila me va a pedir que le baje la luna con una cuerda.

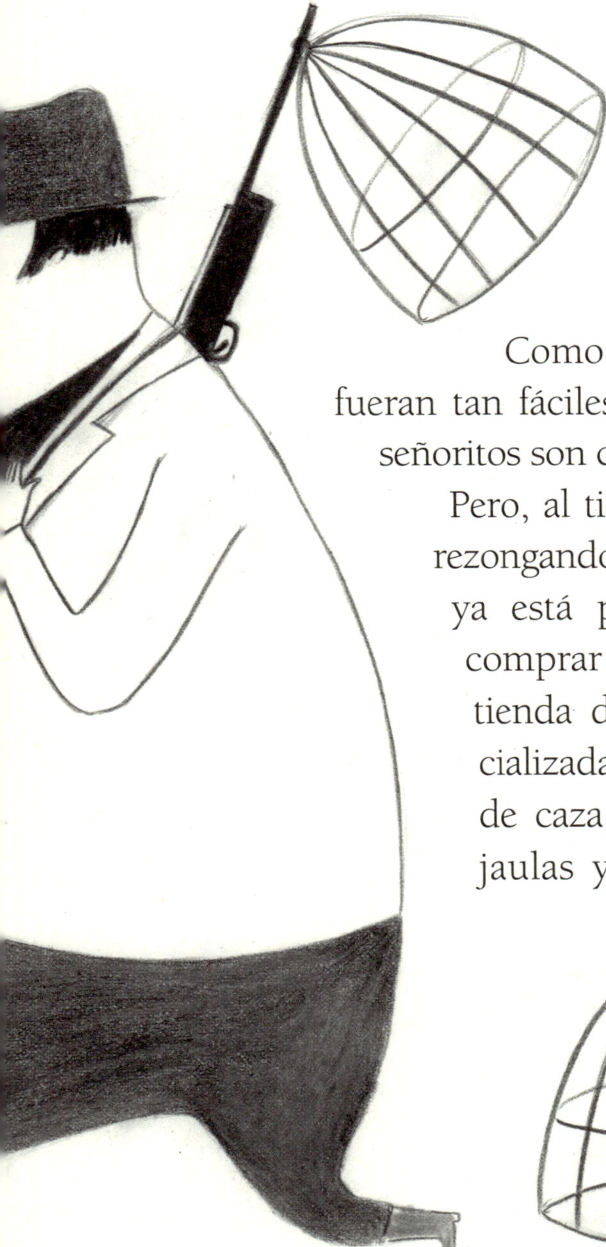

Como si las cosas fueran tan fáciles. En fin, los señoritos son como niños».

Pero, al tiempo que va rezongando por lo bajo, ya está pensando en comprar liga en una tienda de Inca especializada en artículos de caza, reclamos y jaulas y en acudir a

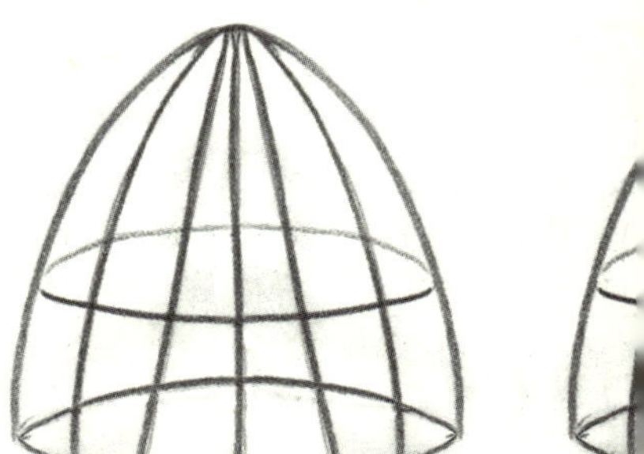

otros masoveros amigos suyos para que le ayuden porque, de otro modo, no podrá cazar en tan poco tiempo tantos ruiseñores como ese loco poeta chileno, amigo de su jefe, pretende llevarse a América.

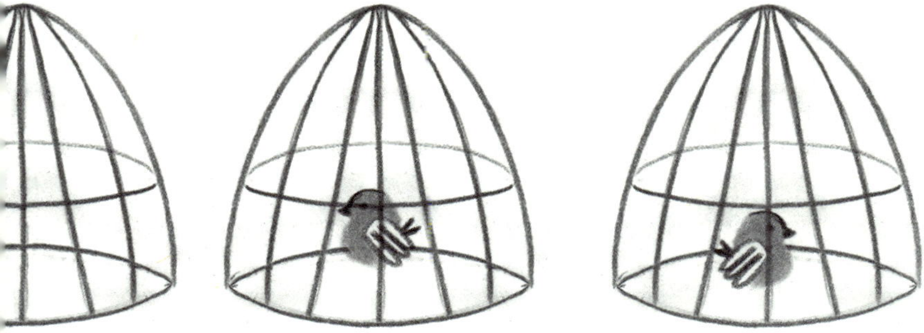

9

TRÁFICO DE RUISEÑORES

Cuatro días después, al atardecer, la familia Huidobro embarca en el *Jaime I,* atracado en el puerto de Palma de Mallorca, que hace la ruta Barcelona-Palma, Palma-Barcelona. Hasta allí los acompaña su anfitrión. En el muelle los espera Pau Pina con un carro, tirado por dos caballos, que lleva el equipaje: un cargamento de maletas. Y es que, además de su ropa y la de sus hijos, tanto al poeta como a su mujer les gusta tocarse la cabeza con sombreros. Vicente Huidobro siempre lleva dos, que intercambia en función de su estado de ánimo, pero doña Manuela no sale de viaje sin su colección de siete sombreros, uno para cada ocasión, metidos en sus estuches de cartón piedra para que no se le deformen.

Cuando la familia llega al puerto de Palma, las maletas, incluidas las siete sombrereras de doña Manuela, apenas ocupan una parte mínima del carro, porque son las trescientas jaulas pequeñas, cada una con su ruiseñor, perfectamente ordenadas, unas al lado de otras formando seis alturas, lo que resulta más visible.

Vicente Huidobro, al ver tanto pájaro, abraza entusiasmado a Pau Pina; luego saca la cartera del bolsillo interior de su chaqueta, le entrega unos billetes y le agradece que haya cumplido con creces su encomienda. Pero el masovero le advierte muy serio:

—Hay un problema, señor Huidobro.

—¿Un problema? ¿De qué tipo?

—De comida.

—¿No has comprado alpiste?

—Los ruiseñores no comen alpiste, señor Huidobro.

—Entonces, ¿qué comen? —pregunta alarmado el poeta.

—Insectos.

—¿Insectos?

—Así es —confirma bajando levemente la cabeza.

—¿Solo?

—Solo. En la cazoleta de las jaulas les he puesto un puñado de alpiste. En caso de extrema necesidad quizá lo prueben, pero el alimento natural de estos pájaros son los insectos.

—¿Qué tipo de insectos?

—Insectos normales, si es que se puede decir algo así de esos bichos tan feos; o sea: moscas y mosquitos.

—¿Y dónde voy a encontrar yo moscas y mosquitos para alimentar a trescientos ruiseñores?

—No lo sé, señor Huidobro, no puedo saberlo. Lo que sí sé es que son muy hambrones. Necesitan una buena ración para saciar su hambre. Quizá, en caso de apuro, puedan comer carne picada. Yo he resuelto lo que estaba al alcance de mi mano, pero ya no puedo hacer más. Ahora los ruiseñores son suyos.

A la mañana siguiente, cuando el *Jaime I* atraca en el puerto de Barcelona, en el muelle esperan Arsenia y Faustino. La *Jacinta* ya está embarcada en el *Tierra del Fuego* dentro de la caseta de madera que el vaquero le ha preparado con postes, tablas y tablones.

—¿Está todo en orden? —pregunta Huidobro.

—Todo en orden, señor.

—Tenemos novedades, Faustino.

—Usted dirá.

—Además de la *Jacinta*, viajarán con nosotros trescientos ruiseñores.

—¿Trescientos ruiseñores? —pregunta angustiado el hombre.

—Eso he dicho: trescientos ruiseñores que solo comen moscas y mosquitos.

—¿Lo sabe el capitán Guajardo?

—Lo sabrá en unos minutos.

—¿Y qué vamos a hacer con tanto pájaro en el barco?

—No he podido dormir en toda la noche pensando en cómo los vamos a alimentar. Con una vaca es fácil, lo difícil resulta dar de comer a trescientos ruiseñores. ¿Por qué serán tan raros los pájaros? Tenemos que tratar de que no se mueran durante la travesía. Y soltarlos nada más llegar a Chile. No soportan el cautiverio.

—¿No pretenderá el señor que todos los pasajeros del barco se pasen la travesía matando moscas y mosquitos para los ruiseñores?

—Que lleguen vivos a Chile, Faustino, eso es lo único que pretendo.

—Y, si me lo permite, ¿para qué quiere el señor llevar tantos ruiseñores vivos a Chile?

—Estos pájaros son los mejores concertistas del mundo y me gustaría que, en el futuro, despertaran a los chilenos cada mañana. Un buen despertar da ánimos para ser optimista el resto del día.

10

El capitán Guajardo se enfurece

Acompañado de sus dos hijos, Vicente Huidobro busca por la sala de máquinas al capitán Guajardo. El *Tierra del Fuego* soporta en ese momento un trasiego continuo de pasajeros que suben y bajan por las escalerillas; también de mercancías, esos grandes fardos que los estibadores meten con carretillas en la bodega. Por fin, lo encuentra en la cubierta.

—¡Capitán, capitán!

—¡Señor Huidobro!

Tras saludarse cordialmente, el capitán repara en Nela y en Vicentito, que están a su lado.

—¡Caramba, cómo han crecido estos niños!

—Mucho, ya lo ve usted. Gracias a la *Jacinta*, que viajó con nosotros. Es una vaca prodigiosa.

—Todas las vacas lo son.

—Pero la *Jacinta* más. Su leche no se puede comparar con otras. Y yo vengo a agradecerle que usted la acogiera hace siete años y que lo haga de nuevo en este viaje de regreso. Faustino me ha hablado de su buena disposición.

—Es una extravagancia, pero tratándose de usted... Con los poetas hay que hacer excepciones. Por eso autoricé en su día que subiera al barco y por eso lo permito ahora.

—Hablando de excepciones, capitán... —continúa Huidobro.

El capitán se pone en guardia.

—¿No me diga que quiere llevarse un rinoceronte a Chile?

—No, no es un rinoceronte lo que quiero transportar a nuestra tierra. Es algo más ligero: se trata de unos cuantos ruiseñores.

—¿Unos cuantos ruiseñores? —pregunta con recelo Ernesto Guajardo.

—Sí, unos cuantos.

—¿Cuántos exactamente?

—Trescientos.

—¡Trescientos ruiseñores! ¡Señor Huidobro, eso es una locura!

—Hay locuras, capitán, que salvan al mundo de la vulgaridad y de la rutina. Supongo que usted no se ha detenido a escuchar nunca el canto de un ruiseñor. Por eso habla con tanta ligereza. El ruiseñor tiene un canto que enamora. Dicho de otra manera, si el amor posee una melodía, esa melodía es la suya.

—...

—Y ahora le pregunto: ¿se imagina todos los pueblos y ciudades de Chile, ¡qué digo de Chile, de América entera, la del Norte y la del Sur!, despertando con los trinos de los ruiseñores? ¿Se lo imagina? Pues eso es lo que pretendo, con su permiso. La gente enamorada es optimista y generosa. Los ruiseñores pueden dar un giro al devenir de América. Y, en un futuro, cuando se escriba la historia de nuestros países, de los cambios profundos que ha experimentado, espero que aparezca el *Tierra del Fuego* y el capitán Ernesto Guajardo, que permitió el traslado de los primeros trescientos ruiseñores europeos a nuestro continente.

»¿Sabía que cada hembra pone entre cuatro y cinco huevos? ¡Dentro de unos años, si todo va bien, en las madrugadas, toda América será un jolgorio de trinos enamorados y felices!

Nela y Vicentito, que han visto cómo el capitán Guajardo se ponía tenso, también han contemplado cómo le ha ido cambiando el gesto ante los argumentos desplegados por su padre y cómo, al fin, rendido, no le ha quedado más remedio que aceptar.

—Está bien, está bien. Es una locura, pero que embarquen esos trescientos ruiseñores. No quiero ser el responsable de que el continente americano se quede sin conocer esos trinos. De seguir así, este barco se va a convertir en el arca de Noé.

11

ZARPANDO

El *Tierra del Fuego* zarpa del puerto de Barcelona un 1 de abril. En los días previos a su salida, Faustino había montado la caseta de madera de la *Jacinta*. Ahora, sobre la marcha, tiene que buscar acomodo para los trescientos ruiseñores. En el exterior de la caseta de madera, colgadas de trescientas puntas, van colocando las trescientas jaulas. Cada jaula con su ruiseñor. O con su ruiseñora. Nela y Vicentito ayudan a Faustino en esas tareas porque han comprendido la importancia de esos pájaros. Los pasajeros que van y vienen por la cubierta observan con curiosidad la caseta de la *Jacinta* y las jaulas adosadas a sus paredes de tablas.

—Parecen pájaros mudos —dice uno de los pasajeros.

—Son ruiseñores, y no cantan por timidez y porque se sienten presos —le informa Nela.

—Pero cuando lleguemos a Chile y los soltemos van a armar un jolgorio de mucho cuidado —recalca Vicentito.

—Mi papá —añade la niña— piensa que los pájaros son como las personas: cuanto más libres, más alegres.

El *Tierra del Fuego* se aleja lentamente del puerto mientras la silueta de Barcelona se va difuminando en la penumbra de la noche. En medio del perfil de la ciudad solo sobresale una torre de la Sagrada Familia, la nueva iglesia que está levantando el arquitecto Antoni Gaudí.

El *Tierra del Fuego* navega por la noche bordeando la costa mediterránea. Al día siguiente llega a Cádiz, donde hace escala antes de partir hacia el continente americano.

Vicente Huidobro ha pasado toda la noche en vela. Un verso, un solo verso, lo ha tenido en tensión. Hay versos capaces de desencadenar una tormenta.

El mar era un árbol frondoso lleno de
[pájaros.

Ese verso lo ha hecho entrar en uno de sus trances creativos. Son temporadas de intensa creatividad en las que se desentiende del mundo, se encierra en sí mismo y pierde la noción del tiempo.

En esos períodos entra en un estado de semiinconsciencia y enajenación. Cualquier consulta le irrita. Por esa razón le ha pedido al capitán Guajardo que le proporcione un camarote para él solo. Su mujer y sus hijos saben cómo se le puede llegar a agriar el carácter si le interrumpen. Pese a todo, su mujer le advierte que no debería enclaustrarse, que se tendría que ocupar de los ruiseñores, de su comida, de sus cuidados.

—Faustino, acostumbrado a la *Jacinta*, no sabe cómo tratarlos —le recalca doña Manuela—. Son muy delicados. Son tan pequeños, tan frágiles. Y van a soportar calores sofocantes y fríos intensos.

—Lo sé, lo sé, pero ahora no puedo ocuparme de ellos. La poesía me reclama. Tengo un nudo en la cabeza, un nudo de palabras y debo desenredarlo.

Manuela, dejo en tus manos el cuidado de los ruiseñores.

—¡Vicente! —le reprocha su mujer—, eso es un disparate, sabes que los animales me producen alergia. ¿Cómo me propones algo así? La idea de llevarlos a Chile fue tuya.

—Sí, es cierto. Pero estoy pensando: ¿no tenemos en casa dos hijos mayores y responsables...?

Y Vicente Huidobro se queda mirando fijamente a Nela y a Vicentito, que han asistido callados al conato de discusión entre sus padres.

—Me gustaría que vosotros os encargaseis de alimentar a esos ruiseñores y de que no les falte de nada. Durante unos días, todavía no sé cuantos, me quedaré en el camarote. Le he dicho al capitán que me lleven allí la comida. Necesito silencio a mi alrededor. Que nadie me distraiga.

Y cuando salga de mi encierro, quiero que me contéis cómo ha ido todo. Por ello os pido que anotéis cada incidencia, por pequeña que sea; que cada jornada uno de vosotros escriba en un cuaderno todo lo que ha ido ocurriendo: un diario de navegación o, como lo llaman los marineros, un cuaderno de bitácora. ¿Os consideráis preparados para ello?

—Por supuesto, papá —asegura Nela.

Y Vicentito la secunda:

—Dalo por hecho, papá. No te vamos a fallar. Y estamos muy orgullosos de que confíes en nosotros.

12

DIARIO DE NAVEGACIÓN

2 de abril

Cuando papá entra en una de esas etapas de furor creativo, todo se altera a su alrededor. Gracias a ello Vicentito y yo somos ahora más responsables. Como a papá no se le puede molestar, tendremos que ocuparnos nosotros de todo. A mamá le provocan alergia los animales vivos. En París, no quiso hacerse una fotografía al lado de la *Jacinta*. Estamos todos: papá, Arsenia, Faustino, Vicentito y yo. La familia al completo. Bueno, todos menos ella.

«¿Qué hace una mujer distinguida al lado de una vaca?», se preguntaba mamá escandalizada. Mamá es así. Los animales le dan repelús.

A Faustino tampoco le gustan los ruiseñores. Está visto que todos tenemos nuestras rarezas. Él mira con indiferencia hacia las jaulas.

—Si no da leche y tampoco se puede comer, ¿para qué sirve un ruiseñor? Para dar la martingala con su pico. ¡Menudo fastidio!

Faustino es un vaquero muy práctico. Por eso le echa terrones de azúcar y piezas de fruta madura a la *Jacinta* entre el heno y la cebada.

Gracias a la *Jacinta*, mi hermano y yo hemos crecido mucho, y ahora podemos hacernos cargo de los ruiseñores. Hoy les hemos quitado el alpiste de las cazoletas, ni lo habían probado, y les hemos puesto una albondiguita de carne picada que le pedimos al cocinero. Carne cruda, por supuesto. En realidad: trescientas albondiguitas pequeñas. Se las hemos dado una a una, abriéndoles el pico.

Se dice pronto, pero es un trabajo agotador. Aunque, al final, una se queda con la satisfacción de haber hecho bien las cosas.

Vicentito y yo hemos ido a hablar con el capitán Guajardo. Le hemos pedido que nos guarde los restos de la comida, en vez de que los cocineros se los echen a los peces por la borda. Los vamos a esparcir en el suelo de la caseta de la *Jacinta* para que allí, con el calor, se pudran y, de toda esa podredumbre fermentada, salgan gusanos, moscas y mosquitos, que es lo que más les gusta a los ruiseñores. El señor

Duvalier, uno de mis profesores de París, nos enseñó que cada mosca pone dos mil huevos. Dos mil moscas ponen cuatro millones de huevos. Cuatro millones de moscas ponen ocho mil millones de huevos. Con ocho mil millones de huevos yo creo que habría moscas suficientes para alimentar a unos cuantos miles de ruiseñores.

Lo estamos calculando todo.

Faustino nos ayudaría a alimentar a los ruiseñores si pudieran ordeñarse; seguro. Pero no. Los ruiseñores no dan leche. Así que para él tan solo son un incordio, un capricho de papá.

Esta mañana hemos conseguido oír cantar un poco a uno de ellos después de darle la albondiguita de carne.

Estamos muy ilusionados.

Nela

3 de abril

Hoy me toca a mí escribir. Me habría gustado comenzar este diario de navegación, pero Nela, con eso de que es la mayor, dijo que le correspondía. Yo lo hubiera empezado de otra manera, con un poco de solemnidad. Pero bueno, qué más da. No merece la pena discutir por esto. Es que Nela a veces es un poco mandona.

Por lo demás, en el barco todo sigue igual. Como ocurre con el mar. Miras a babor, miras a estribor, miras a proa y miras a popa y todo es idéntico: agua por todas partes. El capitán Guajardo sube a cubierta a echar una parrafada con nosotros cuando le queda algún tiempo libre y nos ha enseñado las palabras que más usan los marinos.

Vamos camino de Chile, haciendo escala en Buenos Aires. Del hemisferio norte al hemisferio sur. El capitán parece preocupado por los ruiseñores. «Si consiguiéramos poblar América de ruiseñores la vida sería distinta», afirma él ahora. Luego en un mapa nos ha mostrado nuestra ruta, los tres mares que surcaremos: el Mediterráneo, el Atlántico y el Pacífico.

—El Mediterráneo es una charca de ranas, ¡fijaos, qué pequeño! —ha recalcado en tono despectivo—. El Atlántico y el Pacífico son mares que tienen lo que tiene que tener un mar: olas que se encabritan como caballos salvajes. Y también, islas con sirenas y piratas. Ya os las enseñaré cuando pasemos cerca.

Me ha impresionado su comparación de las olas encabritadas con los caballos salvajes.

El capitán Guajardo tiene dos hijos varones algo mayores que nosotros. Viven en Valparaíso. Solo los ve una vez cada dos meses.

—¿Y es cierto que a los marineros les espera una novia en cada puerto? —le ha soltado Nela.

—Esas cosas no se le preguntan a un capitán —le he susurrado.

—¿Por qué?

—Porque es una pregunta impertinente de una niña marisabidilla.

Nela será todo lo mayor que quiera, pero a veces no se entera de nada. Menos mal

que el capitán ha hecho como si no la hubiese oído.

Se ha quedado callado unos minutos y luego ha continuado contándonos que confía en que sus hijos sean capitanes de barco, como él.

—A mí, capitán, no me gustaría ser poeta como papá y quedarme aislado del mundo por culpa de un verso que causa una de esas dichosas fiebres creativas.

—Pues entonces, ¿tú qué quieres ser?

—Pirata, a mí me gustaría ser pirata.

—¿Y llevar un loro amaestrado encima del hombro?

—No, llevar un loro no. Los loros son unos chivatos que lo repiten todo. Preferiría que me acompañase un ruiseñor que volara libre a mi alrededor y que me despertara cada día con un concierto de trinos.

—Cursi, que eres un cursi —me chinchó Nela.

Quizá Nela lleve razón. La frase me ha quedado un poco cursi, aunque ya la he dicho, así que, ¡qué más da!

Pero le he replicado.

—¡Mandona!

Por cierto, los trescientos ruiseñores, sin novedad.

Vicentito

4 de abril

Vicentito me llama mandona. Yo no soy mandona. Y dice que quiere ser pirata. ¡Inmaduro!

Esta mañana ha caído un chaparrón monumental sobre la cubierta. Luego, salió el sol. Los ruiseñores han sobrevivido al aguacero. América está más cerca, aunque quedan muchos días. El capitán, cuando paseaba esta mañana con nosotros dando un repaso a los ruiseñores, ha levantado el brazo y, señalando a estribor, ha dicho:

—Por ahí quedan las islas Canarias.

Vicentito y yo preparamos trescientas albondiguitas de carne picada y se las hemos dado a cada ruiseñor. Después les hemos cambiado el agua. Uno de los ruiseñores parecía un poco mustio. Se lo enseñamos a Faustino, pero le ha quitado importancia:

—No le pasa nada, le dolerá la cabeza. ¿A vosotros no os duele de cuando en cuando? Pues a los ruiseñores también. A la *Jacinta*, en cambio, no le duele nunca. Pero si le doliera la cabeza por el sol, le pondría un sombrero, y asunto solucionado.

—¿Un sombrero de paja?

—No, porque, si tuviera hambre, se lo podría comer; de fieltro, como los de vuestra mamá.

Nos hemos imaginado a la *Jacinta* con un sombrero de fieltro entrando en una fiesta de París. Y con guantes rojos en las pezuñas. Nos hemos reído mucho con la escena.

Nela

5 de abril

Se ha muerto el ruiseñor mustio. Quedaba agua en la cazoleta, pero se ha muerto. Estaba tendido en el suelo de la jaula, patas arriba.

—¿Sería macho o hembra? —se le ha ocurrido preguntar a Nela.

A veces Nela me desespera.

—¡Qué más da!

Yo creo que ha muerto de hambre y Nela asegura que de tristeza, por falta de libertad.

¡Qué pesada se pone! ¡Ya, qué más da!

No sabíamos qué hacer con el ruiseñor muerto. Es la primera vez que se nos muere alguien cercano.

—Pues tirarlo al mar —ha sido la solución de Faustino.

—¿Cómo? Pero, pero... tenemos que enterrarlo —ha replicado Nela.

—Enterrarlo, esa sí que es buena, ¿dónde hay tierra aquí? —ha objetado Faustino.

Nela, que lo tenía en su mano, estaba a punto de llorar.

—Eso sí que no —ha atajado el capitán Guajardo que llegaba en ese momento—. Tenemos que ser fuertes y estar preparados para lo peor. Estas muertes se producen por los calores del trópico.

—¿Qué trópico? —le he preguntado.

—El trópico de Cáncer. Lo estamos cruzando en este momento. ¿No notáis un calor pegajoso?

—Sí, capitán, un calor que empieza a ser muy pesado.

—Vamos hacia el infierno: primero, el trópico de Cáncer; luego, el Ecuador; y después, el trópico de Capricornio. Y no debemos olvidar que los ruiseñores son tan delicados...

—Y papá, encerrado con su fiebre creadora —me he lamentado.

—Si al menos estuviera con nosotros —se ha quejado Nela.

—Los poetas, siempre dando la nota —ha concluido Faustino, que no entiende de fiebres creadoras y tampoco quiere entender de ruiseñores.

Los tres nos hemos quedado mirando al capitán Guajardo como si ahora fuera a él a quien correspondiera decir algo, pero se ha mantenido serio y erguido, guardando silencio.

—¿Y no podemos hacer algo para que no mueran más? —le he preguntado, suspirando por que nos diera una solución.

—Ya me dirás qué. No querréis que los abaniquemos. Únicamente nos queda esperar a que llegue la noche y refresque.

Al final, Nela se acercó a la borda y lanzó el ruiseñor al mar. Pobre ruiseñor. Seguro que se lo comen los tiburones.

Ya solo quedan 299.

Vicentito

6 de abril

Hace unos días el capitán le dijo a Faustino que echara los restos de comida en la caseta de la *Jacinta* porque de ellos nacerían muchas moscas. Nos hizo mucha ilusión porque esa idea se la habíamos dado nosotros.

El plan es simple. Con el calor, la comida fermenta y facilita el nacimiento de insectos. No sé lo que tarda una mosca en nacer, ni dónde pone sus huevos, porque nunca los he visto, pero como el profesor

Duvalier nos contó que cada mosca pone dos mil huevos, por eso hicimos aquellas cuentas el día que estrenamos este diario. Lo cierto es que ahora la *Jacinta* soporta una gran nube de moscas alrededor.

¿Qué hacer para que todas esas moscas, además de poner cada una sus dos mil huevos, sirvan de alimento a los ruiseñores? El capitán Guajardo nos ha recomendado que echemos unas gotitas de agua con azúcar en el suelo de las jaulas. Es muy sencillo: las moscas se sienten atraídas por el dulce e irán a beber el agua. Así los ruiseñores podrán cazarlas. Al vuelo no, porque las jaulas son muy pequeñas.

El cocinero nos ha preparado dos jarras grandes de agua azucarada, que servirá de cebo para las moscas. Además, Vicentito y yo seguimos haciendo albondiguillas de carne para que los ruiseñores sobrevivan a esta durísima travesía. Y para que críen. Haciendo cálculos, si la mitad de los ruiseñores fueran hembras,

es decir, ciento cincuenta hembras, y si cada una pusiera entre cuatro y cinco huevos, se pueden multiplicar dentro de un mes o mes y medio en seiscientos o setecientos ruiseñores. Insisto, eso si no muere ninguno. Ojalá. De momento las moscas invaden la cubierta del *Tierra del Fuego:* el alimento está asegurado.

Después de atender a las moscas hemos bajado al camarote de mamá y le hemos hablado de nuestros cálculos en la reproducción de las moscas, pero mamá ha puesto cara de asco y nos ha mandado callar.

—Este viaje os está convirtiendo en unos salvajes.

Algo no cuadra. Vicentito y yo nunca nos habíamos sentido tan civilizados. Estamos muy orgullosos de salvar vidas. Me refiero, claro, a las de los ruiseñores. Y eso que Vicentito solo sabe decir «qué más da».

Nela

7 de abril

Esta mañana, una pasajera que caminaba por la cubierta se ha acercado hasta la caseta de la *Jacinta* y ha metido las narices dentro. Faustino no estaba allí porque ya había acabado de ordeñar y nos habíamos quedado solo Nela y yo atendiendo a los ruiseñores. La señora nos ha mirado con un gesto de desagrado y nos ha dicho que qué raros éramos. Como si nos estuviera insultando.

—¿Nosotros, raros? ¿Quién exactamente? ¿Mamá? ¿Papá?

—Vosotros, la familia Huidobro. ¿A quién se le ocurre viajar a América llevando una vaca y tantísimos ruiseñores?

—Gracias a la *Jacinta* usted toma café con leche todas las mañanas, señora —he replicado.

Y Nela:

—No sea desagradecida, señora.

Pero la mujer ha continuado:

—Y esta insoportable nube de moscas, ¿de dónde viene?

He estado a punto de responder una grosería. Me he callado porque, como papá nos tiene dicho: pertenecer a la familia Huidobro obliga a ser educado y responsable.

Luego, la señora se ha ido a contemplar el mar y nosotros seguimos a lo nuestro, echando unas gotas de almíbar en las jaulas para atraer a las moscas.

Quizá la señora lleve razón. Hay moscas por todas partes, pero eso era precisamente lo que pretendíamos. Ahora, lo que hace falta es que se pongan al alcance de los ruiseñores. No resulta tan fácil. Algunas chupan el almíbar, pero son rápidas de reflejos y salen volando antes de quedar pegadas y de que el ruiseñor se las lleve a la boca. Otras, por golosas, quedan atrapadas en el suelo.

Nela y yo pensamos en matar moscas. En París teníamos un matamoscas: una paleta con un mango alargado, pero se habrá quedado allí. Con cada paletada que diéramos al aire, acabaríamos con unas cuantas. Lo complicado sería encontrarlas luego entre la paja y las boñigas de la *Jacinta*, unas boñigas enormes como hogazas de pan.

Si papá no viviera sometido a esa fiebre creadora, todo sería más fácil. O si mamá y Arsenia nos ayudaran un poco, aunque ellas, como Faustino, tampoco quieren saber nada de los ruiseñores. El único que nos echa una mano es el capitán Guajardo, pero anda con muchas ocupaciones; es muy difícil gobernar un buque como el *Tierra del Fuego*, lleno de gente extraña como la señora esa que protesta por todo. Supongo que, en caso de necesidad, podría ordenar a los pasajeros que cazasen moscas. Él manda aquí. Me imagino a todo el mundo corriendo por el barco, desde la cubierta hasta la sala de máquinas, escaleras arriba y abajo, persiguiendo moscas. Y a la señora protestona, también. Y, si se negase a cazar, se quedaría castigada sin comer. Y puedo vernos a Nela y a mí recogiéndolas en un bote. Y al capitán Guajardo formando a los pasajeros en cubierta e imponiendo una medalla al que más moscas hubiese conseguido. Por su contribución a la vida de los ruiseñores.

¿Nela y yo somos raros por pensar estas cosas? Yo creo que no. Para rara, la señora que nos ha llamado raros a nosotros. A ella, el capitán la dejaría sin medalla y sin comida, por protestona. Pero qué más da. Papá tampoco es raro. Papá es poeta, y los poetas son así. Nela y yo lo sabemos porque por nuestra casa de París pasaban muchos poetas y, cuando se iban, papá decía de algunos que eran un poco excéntricos. Un día Nela y yo buscamos en el diccionario para ver qué quería decir «excéntrico» y descubrimos que significaba «raro». Arsenia asegura que de poetas y de locos todos tenemos un poco. La señora que nos ha llamado raros a nosotros será un poquito excéntrica. Pero, pensándolo bien, ¡qué más da!

Vicentito

8 de abril

Se han muerto tres ruiseñores. Y ya van cuatro. Yo misma me he visto obligada a tirarlos por la borda con gran pesar. Acabarán entre las fauces de los tiburones. Quizá mueren por este bochorno insoportable. O porque se sienten presos. Los ruiseñores aman rabiosamente la libertad. Como yo, como todo el mundo, supongo. No saben que los llevamos presos para dejarlos libres. No lo saben y no se lo podemos explicar.

A veces llueve, cae un chaparrón tremendo y luego, se van las nubes, sale el sol y hace un calor agobiante.

Estamos a punto de atravesar el Ecuador. Lo ha dicho el capitán. También, que los ruiseñores, cuando suben a Europa, lo hacen huyendo del sol del África ecuatorial, tan sofocante como este que soportamos ahora. O sea, que los ruiseñores no se dirigen a Europa a anunciar la primavera, sino para escapar del bochorno que se les avecina, porque llevan un termómetro en el cuerpo. Ellos lo tienen fácil. No necesitan sacar billete de barco, tampoco están obligados a soportar señoras que hacen preguntas impertinentes. En cuanto adivinan que va a llegar el calor, buscan temperaturas más templadas. Y luego, cuando empiezan a olerse los primeros fríos invernales de Europa, regresan al abrigo del calor de los trópicos. ¡Qué suerte de vida volandera!

A papá le encantan los ángeles, quizá por eso le gustan los pájaros. Pero ya se le podría pasar la fiebre creadora y estar con nosotros. A veces papá sí es un poco raro. Pero gracias a sus rarezas, si todo va bien, dentro de unos años América se va a despertar con los trinos de los ruiseñores.

Papá es grande.

Nela

9 de abril

Los pasajeros suben a cubierta para tomar el fresco, pero apenas corre la brisa. Allí se encuentran con la *Jacinta*, con los ruiseñores y con las moscas. Tengo la sensación de que no les agrada ver esa nube de insectos revoloteando a su alrededor. ¡Pues nadie les obliga! ¡Que se queden en sus camarotes!

Hay tantas moscas que hemos decidido no echar más restos de comida en la basura.

Hemos calculado que habrá cuarenta millones, y cuarenta millones de moscas pueden hundir un barco. Supongo que no ha sido por falta de comida por lo que han muerto los cuatro ruiseñores.

—Con tanta mosca se van a engollipar.

A Nela y a mí nos gusta mucho esa palabra que suele decirnos Arsenia cuando nos metemos mucha comida en la boca.

—Cuidado, que se engollipan ustedes.

Es típica de Arsenia, de cuando éramos pequeños. Una palabra que nos hace mucha gracia. A papá también le hace gracia. A mamá, no. Mamá prefiere la palabra «atragantar».

—Mueren por falta de libertad —insiste Nela constantemente.

Pero una vez que han muerto ya no se puede hacer nada. Así que, ¡qué más da!

Anoche vimos a papá. Salió a despejarse un poco. Parecía un sonámbulo. Nos preguntó cómo iba todo y contestamos que

bien, pero Nela y yo nos percatamos de que ahora, para él, los ruiseñores han pasado a un segundo plano.

—Está febril por la poesía —diagnosticó poco después mamá.

A mamá no le gusta que papá padezca fiebres poéticas.

Cuando se enfadan y discuten, él le recuerda:

—Ya era poeta cuando me conociste.

—Pero no estabas tan loco —responde ella.

Hoy no ha muerto ningún ruiseñor. Y eso que a Faustino, durante el ordeño de la tarde, se le escapó:

—¡Esta canícula es matadora!

Pues no, por suerte la canícula no ha matado a nadie.

La señora protestona ha salido a pasear por la cubierta con una sombrilla. Sigue mirando con desdén a la vaca, los ruiseñores y las moscas, como si le dieran asco.

—Se cree la reina de Inglaterra —murmuró Faustino.

—¿A la reina de Inglaterra le dan asco las vacas y los ruiseñores? —no me pude contener.

—Lo digo por la manera de andar.

—¿Y cuándo has visto tú a la reina de Inglaterra?

—Pasaba a veces por la vaquería de París y me ayudaba a ordeñar a la *Jacinta*.

—¡Faustino, eres un mentiroso!

Faustino se divierte contando trolas así de grandes. Que la reina de Inglaterra le ayudaba a ordeñar a la *Jacinta*... ¡Eso no se lo cree nadie!, pero ¡qué más da!

Vicentito

10 de abril

Esta mañana, durante nuestro paseo, el capitán Guajardo nos ha anunciado que estamos atravesando la zona más tórrida del planeta. Él está acostumbrado y ya no le impresiona nada. Nos ha reconocido que, más que al Ecuador, teme a la influencia del océano Glaciar Antártico.

—Y eso, ¿por dónde queda?

—En el casquete polar.

—¿En el casquete polar?

—Sí, al sur de Tierra del Fuego. Ya lo notaréis cuando atravesemos el estrecho de Magallanes. Allí el frío es un cuchillo.

Hace siete años, cuando hicimos el viaje a Europa, Vicentito y yo éramos tan pequeños que no recordamos nada.

Cuando hemos acabado de esparcir el almíbar en las jaulas, el capitán nos ha llevado a su camarote. El suyo es de lujo. Nos ha enseñado brújulas, planisferios, astrolabios, mapas y cartas de navegación. ¡Qué maravilla! Las cartas a él no le sirven de mucho porque siempre hace el mismo itinerario. Lleva quince años sin cambiar de rumbo.

—Tiene que ser un poco aburrido, capitán —le he dicho.

—No creas. La ruta es la misma, pero los pasajeros y las circunstancias hacen que cada viaje sea diferente.

Vicentito ha aprovechado la invitación del capitán para curiosear:

—Y el astrolabio, ¿para qué sirve?

—El astrolabio es el mapa del firmamento y lo utilizamos para conocer las estrellas. Los marineros por la noche nos orientamos gracias a ellas.

—¡«Astrolabio»! ¡Qué palabra tan bonita!

—Ya lo creo. La navegación está llena de palabras bonitas —nos ha asegurado el capitán Guajardo.

—A mí me suena a beso y a romanticismo.

—¡Cursi! —ha rematado Vicentito.

Como estaba el capitán, no he querido discutir con mi hermano, que a veces se pone un poco bruto. Después, el capitán nos ha hablado de los sacrificios que exige la navegación.

—Como la poesía —ha dicho Vicentito.

El capitán ha sonreído antes de responder:

—En realidad, exige muchos más sacrificios que la poesía. Los marineros apenas vemos a nuestra familia. Nos pasamos la mayor parte del año fuera de casa.

—Los poetas, cuando les entra el furor creativo, se encierran y tampoco ven a su familia.

El capitán ha vuelto a sonreír.

Luego, sobre un mapa, nos ha señalado el punto exacto del mar que atravesábamos en ese momento.

—Aquí estamos, frente a Pernambuco.

—Pero no se ve.

—No se ve nada más que el mar porque estamos a más de cien millas.

—«Pernambuco» también es una palabra muy sonora —ha insistido Vicentito.

—Sí —ha sido la respuesta del capitán—, hay ciudades que habría que visitar solo para saber qué se esconde detrás de su nombre.

—¿Pero es tan bonita la ciudad como su nombre? —me he apresurado a preguntar.

—No lo sé. El *Tierra del Fuego* nunca ha atracado en Pernambuco.

Por suerte, en esta ocasión, Vicentito no ha hecho ningún comentario impertinente.

Lo que más me ha sorprendido de la visita al camarote del capitán Guajardo ha sido cuando nos ha hablado del desgarro que sufrió la Tierra hace millones de años. Hasta entonces América del Sur y África formaban un solo continente. El cabo San Roque, cerca de Pernambuco, en Brasil, encaja a la perfección en el golfo de Guinea, en África.

—Dos piezas de un mismo rompecabezas.

Vicentito y yo nos hemos quedado pensando en esos extraños desgarrones que sufrió la Tierra hace miles y miles de años.

—¿Y por qué no hay ruiseñores en América si antes América y África eran el mismo continente? —me ha consultado Vicentito cuando hemos subido a cubierta.

—Y yo qué sé. Deja de pensar en esas cosas y vamos a dar un repaso a las jaulas para comprobar que no ha muerto ninguno.

Por suerte, todos seguían vivos.

Nos hemos acercado con el capitán a popa para ver la estela de espuma blanca que deja el barco tras de sí. Es un rastro precioso que atrapa la mirada como el fuego o el agua del río.

El capitán Guajardo ha señalado a babor. Al principio no hemos visto nada, entonces nos ha dejado su catalejo:

—Aguzad la vista. Está allí, entre la calima; ¿veis un pequeño archipiélago volcánico? Es muy peligroso.

Lo que ha avivado mi curiosidad:

—¿Peligroso? ¿Por qué?

—Para un capitán de barco, los islotes pequeños entrañan mucho peligro, sobre todo por la noche, porque puedes chocar contra ellos. Como le ocurrió al *Titanic*. Su casco se golpeó con un iceberg y poco después se hundió. Ya sabéis que muchos pasajeros perdieron la vida en el mar.

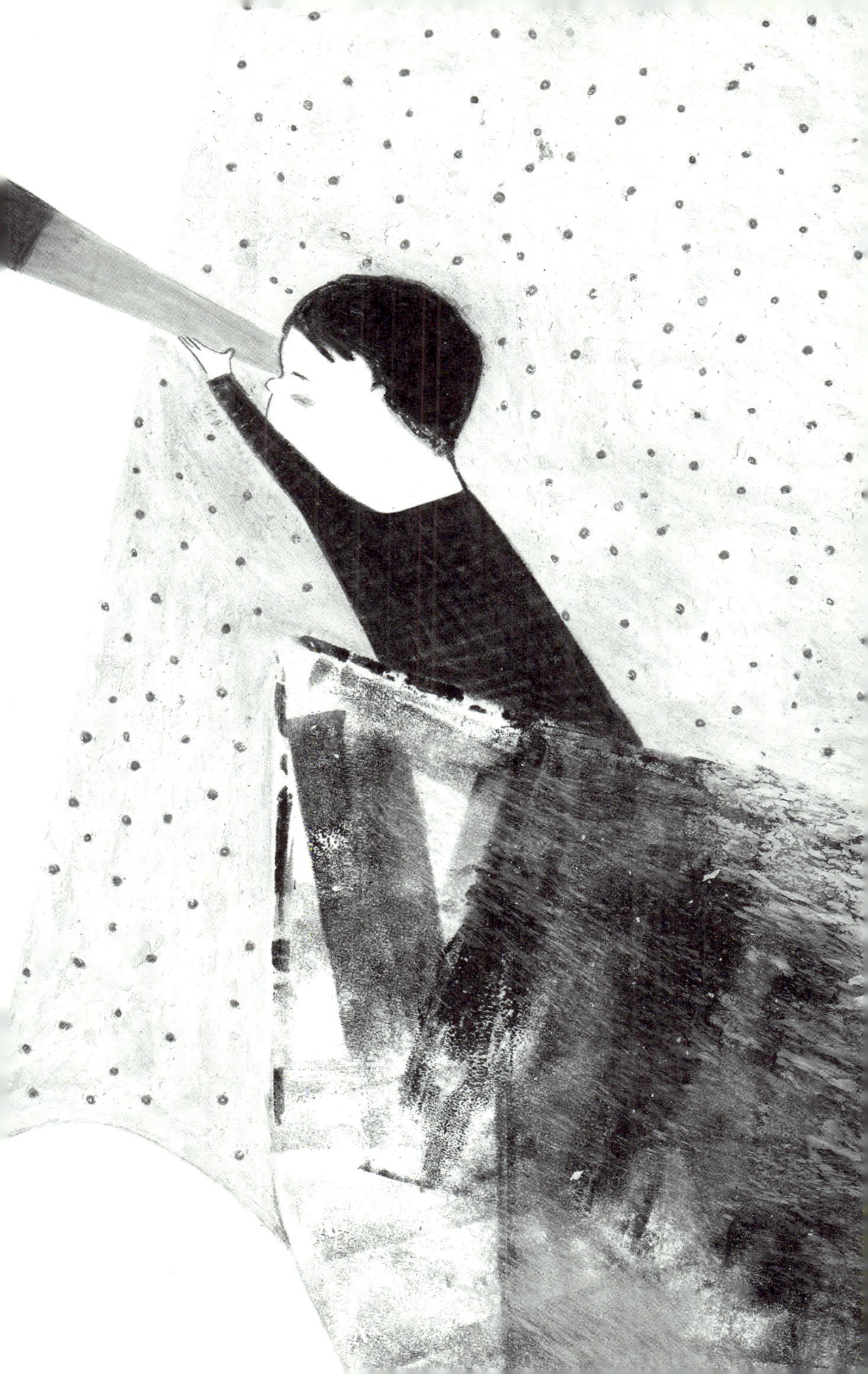

Qué-más-da no se ha dado por satisfecho y ha querido saber un poco más:

—¿Vive alguien en esa isla?

—Por supuesto. Desde aquí parece pequeña, pero está habitada; aunque sospecho que la mayor parte de sus vecinos no querría vivir allí.

—¿Y por qué no se marchan?

—Porque están presos y no es fácil escapar de una isla, aunque alguno, en el pasado, lo consiguiera.

—¿Se fueron?

—Huyeron en barcos piratas. Porque, durante años, fue un lugar de encuentro de piratas.

—¿Y cómo se llama?

—La isla Fernando de Noronha. Recibió el nombre de uno de los primeros conquistadores que la exploró al servicio del rey de Portugal.

—¡Cuántas historias sabe, capitán!

—Ya os he dicho antes que, aunque hago siempre la misma ruta, cada viaje es diferente.

—¿Y alguna vez se ha enfrentado a los piratas?

—Todos los días —ha sido su respuesta.

Vicentito y yo debemos de haber puesto cara de no saber qué quería decir, porque el capitán ha continuado:

—Cada día me enfrento conmigo mismo, con esa parte pirata que llevo dentro. Todos tenemos un lado pirata. Aunque a veces no lo dejemos salir. Si soy capitán de barco es porque, de niño, cuando era como vosotros, soñaba con ser pirata. Y ya veis dónde he llegado.

Después se ha quedado muy serio y, dándonos la espalda, se ha marchado hacia su camarote.

Nela

11 de abril

El *Tierra del Fuego* avanza hacia el trópico de Capricornio. Hace tanto calor como estos días de atrás. Hoy han muerto siete ruiseñores. Y van once. ¡Pobres pajaritos! Yo creo que no soportan tanto sofoco, aunque Nela repite que lo que les mata es la falta de libertad. A Nela siempre le da por la cursilería. No dejo de darle vueltas: ¿por qué siete y tan de repente? Si lo supiéramos, Nela y yo podríamos hacer algo.

Algo no, haríamos todo lo que estuviera en nuestra mano para impedirlo.

Entre el calor y la muerte de los ruiseñores, estoy muy triste. Tratamos de que lleguen vivos a Chile. Y papá tiene que saber que se han muerto. Siete en una sola noche..., son muchos.

Al capitán hoy no le hemos visto ni un momento. Con este bochorno estará encerrado en su camarote. ¡Qué más da! Él tampoco puede hacer nada. Faustino, como siempre, no le ha dado ninguna importancia a la muerte de los ruiseñores. A él la única que le interesa es la *Jacinta*. Mamá ni se ha inmutado cuando se lo hemos dicho. Solo nos preocupan a Nela y a mí; bueno, y al capitán Guajardo.

Papá debería saberlo. Y darnos alguna solución para que no se mueran más.

Vicentito

12 de abril

Ayer por la noche llamamos a la puerta del camarote de papá. Necesitábamos verlo. Cuando nos abrió tenía los ojos hinchados, como si llevara tiempo sin dormir. Parecía cansado, igual que si acabara de salir de un combate de boxeo y todos los golpes se los hubiera llevado él. El camarote estaba muy desordenado, con papeles tirados por el suelo.

Le dijimos que ya habían muerto once ruiseñores; le dijimos que entre la *Jacinta* y el calor, las moscas se multiplican; le dijimos que estamos asustados; le dijimos que solo el capitán nos ayuda, como si a nadie le importara que los ruiseñores llegaran vivos.

Nos dijo que siguiéramos así, que seguro que lo estábamos haciendo bien; nos dijo que éramos unos hijos muy responsables; nos dijo que, con suerte, en unos pocos días acabaría ese poema largo que lo estaba dejando desfallecido; nos dijo que le diéramos un beso a mamá. «Un beso muy fuerte», nos recalcó. Nos dijo que saliéramos de su camarote.

Al momento, me acordé de la señora protestona que pasea a veces con su sombrilla por la cubierta. Y me surgió la duda.

«¿Seremos raros los Huidobro?».

Quizá sí. ¿Y qué?

Hoy no se ha muerto ninguno de los ruiseñores. Menos mal.

Nela

13 de abril

—Me mata el calor fatigoso del trópico, —ha bufado un pasajero mientras paseaba por la cubierta junto a su mujer.

Luego ella ha resoplado:

—¡Qué bochorno!

He pensado en los pobres ruiseñores, sobreviviendo en este trópico fatigoso.

Nela y yo, que los estábamos escuchando, nos hemos sentido culpables por si no los estamos cuidando bien. Menos mal que la

Jacinta sigue con su producción de leche y multiplicando las moscas a su alrededor. La *Jacinta* es un prodigio. Ella sola proporciona leche para todos los pasajeros y moscas para todos los ruiseñores. Es una suerte que el capitán Guajardo nos permita viajar con ella. Cuando los bosques de Chile y de América estén llenos de ruiseñores, alguien tendrá que recordar a nuestra vaca. Y hacerle una estatua, con un pedestal que ponga:

«A la *Jacinta*, una vaca heroica».

Ese día nadie se acordará de este montón de protestones que viaja en el barco y que solo sabe poner pegas y cara de asco.

Yo me digo: ¡qué más da! Y procuro no hacerles ni caso.

Vicentito

14 de abril

Hemos dejado a babor Río de Janeiro. El capitán nos ha anunciado que dentro de tres días el *Tierra del Fuego* atracará en Buenos Aires. Tres días aún. Parece que allí hará menos calor.

Estamos un poco decaídos. Hoy han aparecido muertos cinco ruiseñores. Y van dieciséis. Vamos, que nos quedan 284. Y aún tenemos que pasar el estrecho de Magallanes. El capitán le tiene miedo al estrecho de Magallanes. Los 284 ruiseñores

parecen muchos todavía, pero no son tantos. Él nos ha advertido de que, para que una especie se desarrolle, es necesario un número mínimo de individuos.

Se me ha ocurrido una idea: soltarlos cuando lleguemos a Buenos Aires. Así estarían a salvo de las temperaturas bajo cero que les esperan al llegar a la Patagonia, cerca del océano Glaciar Antártico. En medio de este calor, casi da escalofríos escribir océano Glaciar Antártico.

—Así, podrían llegar a Chile por su propia cuenta.

—No lo creo —ha sentenciado rotundo el capitán.

—¿Por qué?

—La cordillera de los Andes es tan alta que nos aísla de Argentina. La mejor manera de asegurarnos de que lleguen a Chile, y luego al resto de América, es soltándolos en Valparaíso. Ese es el deseo de vuestro papá. Una vez en tierra chilena, los propios ruiseñores sabrán lo que tienen que hacer para multiplicarse por el territorio. El instinto guía siempre a los pájaros. Pero la altura y el frío de los Andes hacen que por allí solo vuele el cóndor.

—¿Qué es el cóndor?

—La mayor de las aves del planeta. Mide más de tres metros. Una carroñera como los buitres europeos.

—¿Podría comerse a los ruiseñores?

—No, el cóndor solo come carroña.

—¿Qué es carroña?

—Carne corrompida de animales muertos.

—A lo mejor —ha sugerido Vicentito—, los ruiseñores quieren regresar a África y a Europa.

—Sin embargo, no tienen fuerza suficiente para cruzar el Atlántico —nos ha aclarado el capitán.

—¿Le preguntamos a papá si los soltamos en Buenos Aires? —he intervenido yo.

—¡Qué más da! Además, papá anda preso en su fiebre creadora y no podemos molestarlo —ha sido la conclusión de mi hermano.

—¿Y por qué no? Para eso somos sus hijos. Estamos un poco perdidos y tiene que sacarnos de dudas.

Vicentito siempre dice a todo: «¡qué más da!». A mí no me da lo mismo. Yo estoy preocupada por los ruiseñores.

Nela

15 de abril

Durante la noche ha llovido de manera torrencial. No ha muerto ningún ruiseñor, pero, de repente, han desaparecido todas las moscas. Bueno, casi todas. Todavía quedan algunas. Pero la gran nube que revoloteaba alrededor de la caseta se ha esfumado.

—Se las habrán comido los ruiseñores —ha insinuado Nela.

—¿Tantas moscas para tan pocos ruiseñores? No lo creo.

—Son muy tragones —ha insistido ella.

—¿Cómo se las van a comer ellos?

—Abriendo el pico.

—Se habrían atiborrado.

—A lo mejor por eso murieron los cinco ruiseñores hace unos días: del atracón.

—¡Qué más da! Eres una exagerada.

—Siempre estás con el qué más da.

También ella repite siempre que los ruiseñores mueren por estar enjaulados. No sé por qué ahora dice lo que dice. Cada uno tenemos nuestras manías. En fin, yo mantengo que, una vez muertos: ¡qué más da! Ella ha seguido dale que te pego con lo de la comilona y con la falta de libertad.

Al final, como no nos poníamos de acuerdo, le hemos preguntado a Faustino si los ruiseñores podían morir de un empacho.

—Es muy raro. Los animales tienen su instinto y, por mucho que les guste un alimento, saben hasta dónde deben llegar.

La *Jacinta*, por ejemplo: si un día le pongo doble ración de heno, deja parte en el pesebre; cuando hace el cupo, no come más.

—¿Y las serpientes? —ha preguntado Nela.

—Las serpientes son un caso aparte —ha continuado Faustino—. Una serpiente puede llegar a tragarse una vaca, aunque luego se pase dos años inmovilizada, sin probar bocado, mientras hace la digestión.

Menuda sorpresa me he llevado:

—¿¿Una serpiente se puede tragar una vaca??

—Hombre, una vaca a lo mejor se le hace un poco grande, pero un ternero sí.

Pues entonces la nube de moscas ha quedado muy reducida porque el tiempo ha cambiado de repente.

—Parece que estuviéramos en otoño.

—Estamos en otoño —me ha confirmado Faustino.

—¿Cómo vamos a estar en otoño si salimos de Barcelona en abril?

—Es el otoño austral —ha intercedido el capitán, que llegaba en ese momento.

Y luego nos lo ha explicado. Como estamos en el hemisferio sur, aquí el verano transcurre en diciembre y enero; y el invierno, en julio y agosto. El mundo al revés, como en esa canción de «por el mar corren las liebres y por el monte las sardinas». Eso sí que es una rareza.

El capitán nos ha preguntado por papá.

—Mañana, antes de llegar a Buenos Aires, hablaremos con él.

—Eso mismo dijimos ayer —ha protestado Nela algo enfadada.

—Porque hoy no lo hemos querido molestar. ¡Qué más da! Él seguirá enfrascado en su fiebre creadora.

Vicentito

16 de abril

Esta noche tampoco ha muerto ninguno. Menos mal. Hay días que apenas puedo dormir porque me interrumpen el sueño los ruiseñores. Sin embargo, creo que a mamá no la desvelan en absoluto. Nunca pregunta por ellos. Está deseando que el *Tierra del Fuego* atraque en el puerto de Buenos Aires para pasear por tierra firme. «A estirar las piernas», dice; ahora pasa la mayor parte del tiempo encerrada en su camarote y apenas pasea. Creo que se avergüenza un poco de la caseta de la *Jacinta* y de los ruiseñores.

Cuando hemos llegado Vicentito y yo, estaba con Arsenia eligiendo el sombrero que se va a poner mañana cuando el barco atraque en Buenos Aires. Nos ha estado contando que piensa comprarse otro. Le gusta comprar un sombrero en cada ciudad que visita. Es una manera de celebrar el viaje. Y después puede hablar de ello con las amigas. Mamá es un poco presumida.

Pobre Arsenia, ella sí que sabe al detalle todas las historias de sus sombreros.

Ya se empieza a notar el cambio de tiempo. Las temperaturas han bajado bastante. Y las moscas han ido disminuyendo. No puedo dejar de pensar en la influencia del océano Glaciar Antártico. Aunque hoy no he reñido con Qué-más-da. Menos mal.

Nela

17 de abril

Esta mañana, como cada día nada más despertarnos, Nela y yo hemos subido a cubierta para ver a los ruiseñores. Estaban todos. Luego nos hemos plantado ante el camarote de papá y hemos llamado a la puerta. Teníamos un poco de miedo; es que papá puede ser terrible cuando se enoja.

—Que somos nosotros, papá, que dentro de poco llegamos a Buenos Aires —le hemos dicho desde fuera.

Papá nos ha abierto y nos ha dado dos besos muy fuertes, pero nos hemos dado cuenta de que estaba secuestrado por la poesía. Odio a la poesía cuando lo ofusca de ese modo.

Nela ha sido la primera en hablar:

—¿Estás luchando con la poesía, papá?

—Sí, pero ella siempre me puede.

—Venimos a consultarte sobre los ruiseñores.

—Vosotros sois los responsables y sé que lo estáis haciendo bien. Si tenéis alguna duda preguntadle a Faustino.

—Papá, él solo se ocupa de la *Jacinta*. Dice que los ruiseñores no dan leche.

—¡Este Faustino!

—A veces —he tratado de ponerle al día— el capitán Guajardo nos ayuda.

—Muy bien, hijos, Guajardo es un gran capitán.

—De niño quería ser pirata.

—No me extraña nada. Por eso lo es. Los capitanes que de niños solo quieren ser capitanes luego acaban su vida como piratas. Supongo que estáis escribiendo un diario, como os pedí...

—Claro, papá.

—Cada día escribe uno. Tuve que ceder y lo comenzó la mandona de Nela.

—¡Soy la mayor! —se ha defendido ella.

—No discutáis por esas minucias y seguid cuidando de los ruiseñores. Confío en vosotros.

Papá ha vuelto a encerrarse en su camarote. Ni siquiera le hemos planteado la suelta de los ruiseñores en Buenos Aires como quería Nela. La poesía lo ha atrapado por completo. Debe de estar escribiendo una obra genial. Tenía la mirada un poco perdida, como si estuviera con nosotros y, a la vez, en otra parte, lejos.

Cuando hemos vuelto a cubierta algunos pasajeros ya estaban apoyados en las barandas contemplando la ciudad de Buenos Aires. Es enorme y preciosa. Luego, el *Tierra del Fuego* se ha ido acercando poco a poco al muelle, con cuidado, avanzando entre los grandes buques que estaban atracados. ¡Menudo trajín de gente!

Mamá y Arsenia también han subido. Nos han pedido que nos pusiéramos guapos, que íbamos a salir con ellas. Sin embargo, les hemos dicho que no, que nosotros nos quedábamos.

—Bueno, si quiere, que salga Nela; yo prefiero quedarme cuidando de los ruiseñores —he rectificado.

Tras las maniobras de atraque han desembarcado bastantes pasajeros y luego, durante

tres horas seguidas, los estibadores han estado sacando unos fardos enormes de las bodegas Daba gusto contemplar su ir y venir con las carretillas. También resultaba estupendo, tras tantos días de mar y solo mar,

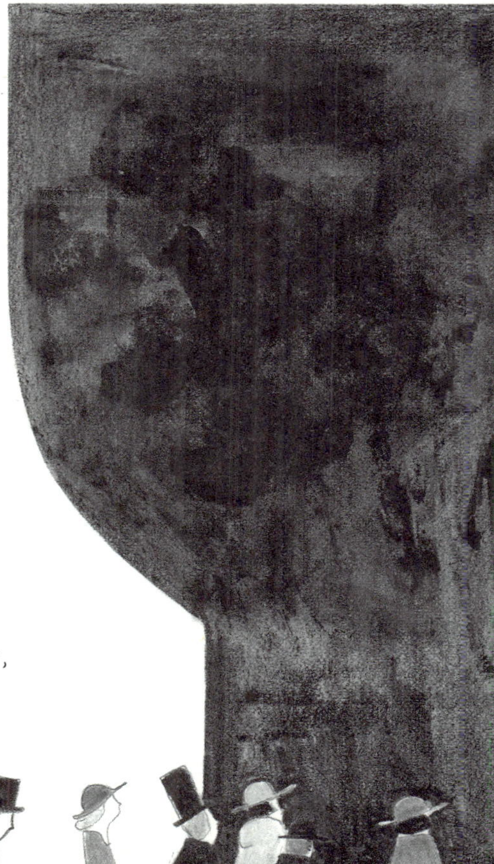

ver deambular a todas esas personas curioseando por el puerto.

Al final, Nela ha acompañado a mamá y a Arsenia en su paseo por la ciudad; ¡ya me lo imaginaba! Han apurado hasta última hora para volver a embarcar y, a la vuelta, parecían muy contentas. Arsenia traía un estuche con forma ovalada. Por supuesto, era el sombrero de Buenos Aires que le faltaba a mamá para completar su colección.

A primera hora de la tarde, el *Tierra del Fuego* ha tocado su sirena y ha comenzado las maniobras para salir del puerto.

Nela y yo hemos estado haciendo cálculos de nuevo; si todo va bien, nos quedan ocho o nueve días para llegar a Valparaíso. Tengo muchas ganas de soltar los ruiseñores y de ver a los abuelos, a los primos, a los tíos... ¡a todos ellos!

Vicentito

18 de abril

Continuamos bajando. Estoy nerviosa. Sabemos por el capitán que, a partir de Buenos Aires, cada cien millas el termómetro baja un grado; aunque de momento no se nota mucho. Los ruiseñores han empezado a comer las albondiguillas de carne picada que nos ha dado el cocinero. Cada vez quedan meros moscas. Eran molestas, pero ahora las echamos de menos; y es el frío el que empieza a molestar.

—Ya podéis estar preparados porque, a partir de ahora, el frío hiere como un filo —nos ha prevenido el capitán—. Tendréis que abrigaros bien y decidle a vuestra madre que os saque la ropa de invierno.

Estoy un poco inquieta. Qué-más-da también parece estarlo.

En Buenos Aires ha subido al barco un tipo con pinta de payaso. Viste como un payaso, lleva un gorro de payaso y mira el horizonte como los payasos. Bueno, no estoy segura de que todos lo hagan así; no quiero equivocarme. Y ha observado a los ruiseñores.

Me recuerda a papá. Y eso que papá viste con mucha elegancia, pero en la manera de contemplar el horizonte y los pájaros parece que el payaso también tenga algo de él.

—¿Y estos? —nos ha preguntado.

—Son ruiseñores.

Como no los conocía, le hemos explicado que cantan muy bien y que nuestro padre está empeñado en llevarlos hasta Valparaíso para poblar el continente.

—En ese caso, yo también tengo alma de ruiseñor. Actúo en las plazas al aire libre, delante de los niños. En ocasiones recito, cuento historias y, a la vez, hago malabares.

Entonces ha sacado cuatro pelotas del enorme bolsillo de su pantalón y las ha lanzado al aire: una, otra, otra y otra; sin parar. Y no se le ha caído ni una. Al tiempo que impulsaba las últimas, recogía las primeras y las lanzaba de nuevo mientras entonaba un trabalenguas endiablado sobre una liebre, pirliebre, pirpiriliebre. Creo que los ruiseñores también se han quedado mirándolo.

Al final, le hemos aplaudido y él ha hecho una inclinación de cabeza, como si estuviera actuando en un circo ante un público numeroso. Vicentito y yo fuimos una tarde al circo en París con papá y mamá. Lo pasamos muy bien, pero ella se quejaba del mal olor.

—¿Te gustan los ruiseñores? —le hemos preguntado después.

—Sí, mucho, pero seguro que son más bonitos en libertad, volando.

—Eso haremos cuando el barco llegue a Valparaíso, dejarlos libres para que vuelen.

—¿Libros para que vuelen?

—No, libres para que vuelen.

—Libres o libros, viene a ser lo mismo. El caso es volar. No dudo de que me gustarán más.

El payaso es mexicano y se llama Yucatán. Está recorriendo el continente de ciudad en ciudad; baja desde México, por la costa atlántica, hasta Argentina, y, para evitar el invierno austral, va camino de Valparaíso; desde allí ascenderá por la costa del Pacífico hasta Venezuela. También es funámbulo; camina sobre una cuerda tensada. No sé por qué me recuerda a papá.

Nela

19 de abril

—Venimos de los calores sofocantes del trópico y nos dirigimos hacia los fríos polares —ha sido el saludo del capitán.

—¿Siempre hace tanto frío por aquí?

—En el mar, el tiempo es caprichoso. Estamos descendiendo: debéis abrigaros.

—Nosotros ya lo hemos hecho, pero no sé si los ruiseñores podrán aguantarlo.

—La naturaleza es sabia; confiemos en su abrigo de plumas.

Con esta temperatura, los pasajeros que quedan no pisan la cubierta, se quedan en sus camarotes o en la cantina. Yucatán tampoco ha subido a practicar.

Me preocupan: papá y los ruiseñores.

—Quizá deberíamos haberlos soltado en Buenos Aires —ha insistido Nela por enésima vez—; desde allí, huyendo del otoño que se avecina, habrían volado hacia las tierras tropicales del Brasil, y después se habrían extendido por todo el continente.

Quizá lleve razón pero, ahora, ¡qué más da! Si hemos metido la pata ya no tiene remedio. Solo nos queda tratar de llegar con los ruiseñores hasta Valparaíso. A veces mi hermana se pone muy pesada.

Después de hacerles las albondiguitas y de dárselas, nos hemos metido en nuestro camarote buscando algo de calor.

Vicentito

20 de abril

Han muerto muchos esta noche. Muchos. Más de cien. Tantos que no los hemos contado. Faustino y el capitán nos han ayudado a sacarlos de las jaulas y a echarlos por la borda. Hace un frío espantoso, el mar está revuelto y las olas se encabritan. He tenido vómitos por el frío, por los ruiseñores muertos y por el mar. Nunca me había pasado algo así.

—¡Menuda escabechina! —ha exclamado Faustino ante tantas víctimas.

El capitán nos ha aconsejado que bajáramos a nuestro camarote. Pero Faustino ha dicho que lo mejor sería meter las jaulas dentro de la caseta de la *Jacinta*.

—La *Jacinta* desprende un calor maternal.

Lo hemos hecho a toda velocidad. ¡Ya se nos podía haber ocurrido ayer! No creo que queden más de sesenta o setenta ruiseñores vivos.

Desde luego, Faustino tiene mucha razón: ¡menuda escabechina más grande!

En este momento, todo depende de la *Jacinta*, del calor que pueda darles. Antes les proporcionaba moscas y ahora, calor. Ella es muy generosa y muy resistente, le da lo mismo el frío o el calor: lo aguanta todo.

Hemos llegado al camarote ateridos de frío. Cuando hemos visto a mamá no hemos podido contener la pena y nos hemos puesto a llorar abrazados a ella. Hemos estado un buen rato desahogándonos en su regazo.

—Pobres criaturas —repetía mamá una y otra vez.

Aunque en realidad, no sé si se refería a los ruiseñores o a nosotros.

—Dentro de muy pocos días llegaremos a casa y veréis a los abuelos, a los tíos y a los primos. Pensad en ellos. Lo vais a pasar muy bien.

Mamá trata de consolarnos para que no nos acordemos de los ruiseñores, pero eso es imposible; gracias a ellos este viaje ha sido inolvidable.

Vicentito y yo estamos helados. Nos hemos pasado todo el día yendo del camarote a la caseta de la *Jacinta* y de la caseta al camarote. Hemos pensado mucho en acudir a papá, pero mamá nos ha repetido que no podemos distraerle. Mañana será otro día.

Nela

21 de abril

Hoy ha sido un día triste. Hemos amanecido en el estrecho de Magallanes; el *Tierra del Fuego* está atravesando la Tierra del Fuego. No me explico por qué la llaman así, ¡con esta temperatura! El mar sigue picado «como un caballo que se encabrita y que echa espuma por la boca», como le gusta decir al capitán. Lo mismo que las olas.

Imaginaba el estrecho más estrecho, pero no hay peligro alguno de embarrancar.

La costa, llena de entrantes y salientes, queda lejos a babor y a estribor.

Bajo un cielo de nubarrones oscuros, las gaviotas nos han acompañado con sus graznidos sobrevolando el barco. A la entrada del estrecho, todavía en mar abierto, en el Atlántico, hemos avistado dos ballenas enormes que dejaban caer sus colas contra el agua y lanzaban al aire potentes surtidores. Luego, en los acantilados hemos visto pingüinos que parecían diminutos directores de orquesta. Solo los conocía por las ilustraciones de los libros y han resultado ser unos animales curiosos por ese dengue que hacen al andar y por cómo se agrupan, como si fueran un rebaño. El estrecho me hace sentir intranquilo y me provoca escalofríos.

Sin embargo hoy, sobre todo, ha sido un día triste. Nela y yo, nada más vestirnos, hemos subido a cubierta. Ya estaban allí el capitán y Faustino. Ellos también han pasado

una mala noche preocupados por los ruiseñores. No ha quedado ni uno solo vivo. Ni uno. El calor de la *Jacinta* no ha sido suficiente. Hemos pasado la mañana mirando las jaulas vacías después de lanzar los cuerpecitos al mar. Estamos tristes, muy tristes. El sueño de papá, ese bonito sueño que confiábamos ver hecho realidad, se ha esfumado. Definitivamente. Una catástrofe.

América, al menos de momento, se quedará sin ruiseñores; y los chilenos, los peruanos, los ecuatorianos, los colombianos, los bolivianos... no van a saber lo que es el trino de un ruiseñor.

Mientras tanto, tendrán que conformarse con ruiseñores como Yucatán. Porque Yucatán, como él mismo proclamaba, tiene algo de ruiseñor.

Queríamos ver a papá. Necesitábamos decírselo. Y hemos ido.

Nos ha recibido con cara de sueño.

—Lo sé, lo sé —ha sido su recibimiento para ahorrarnos las explicaciones—, lo he visto todo en un sueño negro.

Papá es así. Él es poeta y los poetas se huelen lo que va a pasar.

Sus palabras sonaban amargas, pero resignadas.

—Y tu trabajo, papá, ¿cómo va? —le he preguntado para no atosigarle más.

—Mal, muy mal, la poesía es escurridiza como los peces; acabo de romper todas las cuartillas. Tanto encierro tampoco ha servido para nada. Dos golpes en un mismo día. Otra vez será.

—Hemos fracasado, papá —ha admitido Nela, un poco trágica.

—No, no, no hemos fracasado; fracasan los que nunca lo intentan.

Y no he podido evitar preguntar:

—¿Lo intentaremos de nuevo?

—Por supuesto.

—¿Con los ruiseñores también?

—También con los ruiseñores, cuando el barco sea más veloz, para que no pasen tantos días dentro de una jaula. Los poetas somos como los niños, que cuando aprenden a andar se caen, pero tras la caída se levantan y comienzan de nuevo. Una y otra vez. La vida es una carrera de obstáculos. Pero ahora vamos a olvidarnos de la poesía y de los ruiseñores; id a llamar a mamá y subid con ella a cubierta. Quiero pasear abrazado a mi familia contemplando el mar.

—Papá —le he advertido—, hace mucho frío arriba.

—Muchísimo —ha precisado Nela.

—Por eso, precisamente, quiero sentir vuestro calor cerca. Si estoy junto a vosotros el frío no importa.

Vicentito

13

Acabemos por el final

En aquella época la prensa recogía la noticia de la llegada a los puertos de los grandes trasatlánticos. Para el *Tierra del Fuego* su atraque en Valparaíso no fue el único motivo de interés, la presencia entre sus pasajeros de Vicente Huidobro acompañado de su familia generó tal expectación que los reporteros esperaron durante horas el desembarco del ilustre poeta chileno con la esperanza de obtener una entrevista.

El anhelo de repoblar el continente con los pájaros canoros europeos no pasó desapercibido entre los cronistas y Huidobro se vio interrogado una y otra vez sobre la extravagancia de su aventura.

—¿Extravagante? La belleza nunca es extravagante, la belleza es una necesidad, un sueño que hay que perseguir. Sin ella el mundo sería un erial.

—¿Tan hermoso es el canto de los ruiseñores?

—Hermosísimo. Escuchar sus trinos en la madrugada trastoca los sentidos. Cuando reparé por primera vez en su canto, noté una iluminación interior de tal voltaje que me sentí con la fuerza de una central eléctrica capaz de suministrar energía a una ciudad de cincuenta mil habitantes. Su canto herido de amor hace temblar el universo.

—¿Insistirá en ese empeño?

—Por supuesto. Las estrellas son de quien las trabaja. En eso consiste la poesía, en perseguir un destello, en caer y en volver a intentarlo. Aunque fracases. Y eso han hecho mis hijos, Nela y Vicentito, luchando denodadamente por estos ruiseñores. Han sido protagonistas del más hermoso de los poemas. La poesía es un camino y ellos lo han recorrido. Están preparados; ahora puedo afirmar que son aprendices de poetas.

AGRADECIMIENTOS

En Cambrils, Tarragona, en el verano de 2005, en un encuentro sobre oralidad, el poeta Juan Carlos Mestre me contó la historia de la vaca y los ruiseñores de Vicente Huidobro. Durante un tiempo la historia anidó en mi cabeza como una primavera feliz.

En febrero de 2009, en un encuentro de narradores orales en El Escorial, el ilustrador Pablo Amargo proyectó imágenes de un libro que le había encargado el Instituto de Comercio Exterior sobre los treinta productos más insólitos que se exportan en España. El primero de ellos era la mosca, en concreto se trataba de la mosca española, que, en ciertos países orientales, es muy apreciada por sus alas.

Pablo Amargo removió mi memoria y fue entonces cuando recuperé la historia contada por Mestre en Cambrils. A ambos agradezco su contribución involuntaria en la germinación de este libro.

Javier Sáez habla con los pájaros de Segovia, sigue sus vuelos, observa sus costumbres y los protege de la mano airada de ciertos depredadores de dos patas. Es un sabio que me ha orientado muchas veces sobre los hábitos de los pájaros en los encuentros casuales que, de cuando en cuando, mantenemos en la plaza Mayor.

Otro tanto cabría decir de Jesús Martínez, de la librería Alcaraván de Urueña (Valladolid), todo el día con la cabeza a pájaros.

Miguel Ángel de Santos, ganadero de Muñoveros (Segovia), aclaró las dudas técnicas que le planteé sobre la vaca *Jacinta*.

A todos, gracias.

Índice